10
DM
10
DOG-MARK
10
10
DOG-MARK
10
10

Wie bekomme ich Geld?
Die Taschengeldverhandlung

Rudi ist stinksauer. Er findet, dass er zu wenig Taschengeld bekommt und hat seine Eltern um eine Erhöhung gebeten. Bei Sabine lässt er seine Wut heraus:

„Sie haben einfach nein gesagt!“

„Das ist doch klar“, meint Sabine, „ich hatte neulich auch so ein Gespräch mit meinen Eltern. Wir sind uns darüber einig geworden, dass ich ab dem nächsten Schuljahr 5 DM mehr bekomme, aber von da an meine Kino- und Schwimmbad-besuche selbst bezahle.“

Birgit Neiser • Illustrationen von Ralf Butschkow

Mein Taschengeld-Buch

So werde ich fit für Mark und Euro

moses.

Inhalt

Rudi ist voller Bewunderung: „Wie hast du das denn hingekriegt?“ „War gar nicht so schwer“, antwortet Sabine, „zunächst habe ich meinen Eltern gesagt, dass ich gerne mit ihnen über mein Taschengeld reden möchte. Wir haben einen bestimmten Termin für das Gespräch festgelegt, damit wir in Ruhe reden können. In der normalen Alltagshektik heißt es sonst von vorne herein schon nein, bevor ich überhaupt richtig loslegen kann! Dann habe ich mir überlegt, was meine Eltern wohl sagen würden. Ich konnte mir ziemlich gut vorstellen, wie sie reagieren würden! „Du bekommst genug Geld für dein Alter. Als ich so alt war wie du, musste ich mit 1 DM im Monat auskommen!“, würde mein Vater sagen. Meine Mutter würde hinzufügen: „Du brauchst doch gar nichts zusätzlich zu kaufen, du hast doch alles, was du brauchst!“

„Aber was sagst du in so einer Situation?", fragt Rudi. „Tatsächlich kamen die erwarteten Einwände meiner Eltern. Meinen Vater habe ich dann gefragt, wieviel in seiner Kindheit die Dinge gekostet haben, die Kinder interessieren. Dann musste er zugeben, dass es einen Lutscher schon für einen Pfennig gab und Rollschuhe rund 10 DM kosteten. Meine Mutter hat natürlich Recht, dass ich ausreichend versorgt bin und eigentlich nicht viel Geld extra brauche. Aber ich hätte ja gar nichts dagegen, einige Sachen von meinem eigenen Geld zu kaufen. Ich mag nicht gerne um jedes bisschen fragen. Andere Kinder finden es vielleicht bequemer so, ich will es aber nicht. Daher habe ich mir vor unserem Gespräch folgendes überlegt:

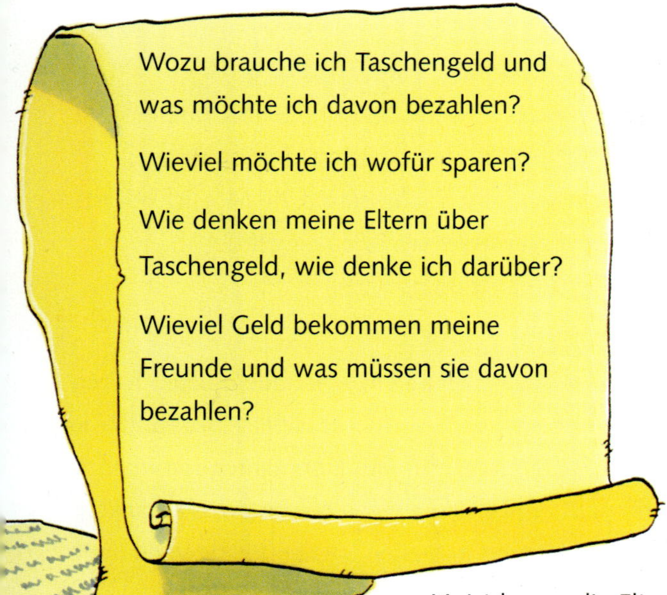

Meist lassen die Eltern den letzten Punkt leider nicht gelten, weil andere Familien oft anders über Geld denken. Vergleiche funktionieren selten, das weiß ich schon von früheren Diskussionen! Mit dieser Vorbereitung hast du zwar noch lange keine Garantie, das zu bekommen, was du willst. Aber zusammen mit deinen Eltern kommst du bestimmt auf Ideen, wie ihr dein Taschengeld handhaben könnt." „Danke", meint Rudi, „es ist auf jeden Fall einen Versuch wert!"

Geld verdienen – kinderleicht

Nicht verzweifeln, wenn du nicht so viel Taschengeld bekommst, wie du gerne hättest! Es gibt viele Möglichkeiten, es aufzubessern. Eine Möglichkeit ist, selbst Geld zu verdienen. Wie das geht? Grundsätzlich hast du die Wahl:

Du kannst etwas verkaufen, was andere Leute haben wollen. Benedikt z. B. sucht mit Hilfe seiner Mutter im ganzen Haus Sachen für den Flohmarkt zusammen. Dann geht er noch zu einigen Nachbarn, die dankbar sind, dass jemand ihre alten Sachen für sie verkaufen möchte. Damit wird Benedikt zum Händler.

Nina bastelt gerne Schmuckkerzen. Sie kauft einfache Kerzen und bunte Wachsplättchen ein und fertigt daraus wunderschöne verzierte Schmuckkerzen für Weihnachten und andere Anlässe, die sie auf dem Markt verkauft. Sie ist also nicht im Handel tätig, sondern in der Produktion. So nennt man allgemein das Herstellen von Waren.

Du nimmst anderen Leuten gegen Bezahlung Arbeit ab, die sie nicht selbst machen können oder wollen. Du leistest ihnen einen Dienst, daher nennt man solche Tätigkeiten auch Dienstleistung. Oliver z. B. ist gut im Laubharken und Leonie liebt das Babysitten bei den Nachbarn.

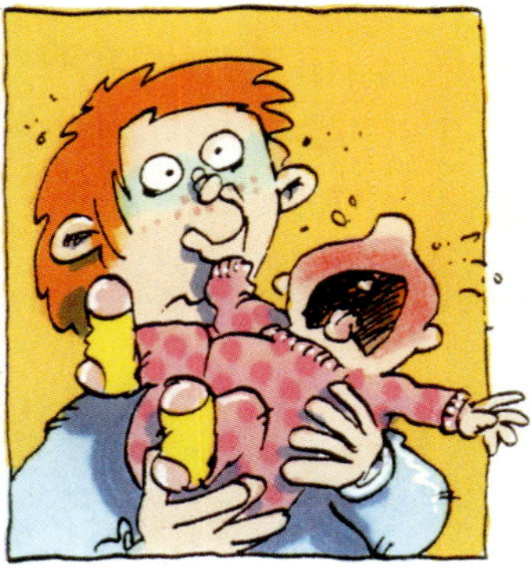

Meine Geschäftsidee

Suche nach Möglichkeiten, dein Wissen und dein Können einzusetzen, z. B. indem du eine Band gründest, als Zauberer bei Kinderfesten auftrittst, selbst gemachte Weihnachtskarten verkaufst, Nachhilfeunterricht gibst oder älteren Menschen hilfst. Hier ist eine Liste mit Ideen für junge Unternehmer, die du mit deinen Ideen ergänzen kannst:

Ich biete an:

- Babysitten
- Gartenarbeiten: Laub harken, Rasen mähen, Unkraut jäten usw.
- Bei Abwesenheit: Katzen füttern, Blumen gießen, Briefkasten leeren usw.
- Wochenblatt oder Werbeprospekte für den Supermarkt austragen
- Nachhilfeunterricht
- Kleine Einkäufe erledigen
- Auto waschen
- Computerarbeiten, z. B. Speisekarten für Restaurants entwerfen, Visitenkarten usw.

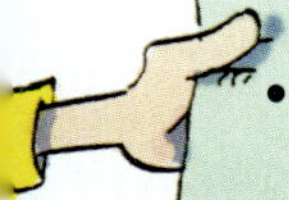

Nicht ohne Geschäftsplan

Ein Geschäftsplan ist eine Liste, auf die du alles über deine Geschäftsidee aufschreibst: Wem bietest du was an? Was brauchst du dazu? Was kostet es dich?

Den Geschäftsplan kannst du mit Freunden besprechen. Meist kommen tolle neue Ideen dazu.

Was soll es sein?

Es reicht leider nicht aus, dass dir z. B. Laub harken viel Spaß macht, um daraus ein Geschäft zu machen.

Es muss auch jemanden geben, der einen Laubharker braucht. Denke wie deine Kunden!

Gehe mit offenen Augen und Ohren in der Nachbarschaft umher und sei wachsam, was die Leute brauchen könnten. Beschwert sich der Nachbar, dass er bei diesem Schmuddelwetter schon wieder sein Auto waschen muss? Stöhnt Frau Meier von gegenüber, dass ihr Hund einmal am Tag Gassi gehen muss?

Es gibt verschiedene Spuren, denen du folgen kannst, um Ideen aufzuspüren:

Was kannst du anderen Leuten abnehmen, wozu sie keine Zeit oder keine Lust haben, z. B. den Gartenzaun streichen, einen Geburtstagskuchen backen, Unkraut jäten, mit dem Hund spazieren gehen usw.

Halte nach Dingen Ausschau, die immer wieder mal gereinigt werden müssen, z. B. Autos oder Treppenflure.

Wie finde ich Kunden?

Wenn du eine Geschäftsidee ausführen willst, brauchst du Kunden. Daher müssen deine zukünftigen Kunden erst einmal wissen, was du anzubieten hast. Dazu machst du das, was die Fachleute „Marketing“ nennen, nämlich möglichst viele Leute über dein Vorhaben informieren und werben. Zum Marketing gehört beispielsweise folgendes: Werbezettel oder Werbeplakate aufhängen, z. B. am Schwarzen Brett vom Kindergarten oder im Supermarkt, selbst gemachte oder gedruckte Visitenkarten mit deinem Namen, Adresse und Telefonnummer verteilen, Proben deiner Produkte verschenken usw. Überlege dir, was am besten zu deiner Geschäftsidee passt!

Die Finanzen – wer soll das bezahlen?

Verdienst du wirklich Geld mit deinem Unternehmen? Nicht alle Einnahmen sind auch Gewinne, über die du hinterher verfügen kannst. Zuerst musst du deine Kosten abziehen, wie z. B. die Druck- oder Fotokopierkosten für deine Werbung.

Wenn du etwas verkaufen möchtest, z. B. selbst gemachte Grußkarten, hast du bereits Kosten, bevor überhaupt die ersten Einnahmen eintreffen. Du musst das Papier für die Karten kaufen, die Farben, Stifte und das Dekorationsmaterial. Dienstleistungen dagegen verursachen meist weniger Kosten vorab, meist nur das Werbematerial. Das Geld verdienst du direkt mit deiner Arbeit.

Du stellst im Geschäftsplan immer eine Rechnung auf. Darin enthalten sind deine geschätzten Ausgaben und die voraussichtlichen Einnahmen. Die Einnahmen sind viel schwieriger vorherzusehen als die Ausgaben. Du weißt vorher ja nie, wie viel du verkaufen kannst oder wer deine Dienste in Anspruch nehmen wird!

Zeigt die Planrechnung, dass du mit deiner genialen Geschäftsidee auf Dauer nur Verluste machen würdest, lass lieber die Finger davon – auch, wenn's schwer fällt! Sieht deine Planrechnung jedoch gut aus, kannst du loslegen. Überprüfe diese Rechnung immer wieder mit den tatsächlichen Einnahmen und Ausgaben, damit es hinterher keine bösen Überraschungen gibt. Wird es mit dem Gewinn eher knapp, kannst du entweder deine Kosten senken oder aber deine Preise erhöhen. Vorsicht: bei zu hohen Preisen kannst du deine Kunden verlieren!

Ein einfacher Einnahmen-/Ausgaben-Plan für einen Limonadenstand könnte folgendermaßen aussehen:

Meine Ausgaben:	DM
Zitronen	4,50
Zucker	1,99
1 Kasten Mineralwasser	6,90
Pfand für das Mineralwasser	6,60
Fotokopien für die Werbung	8,80
Pappbecher	3,20
Strohhalme	1,95
Nägel und Kleber für den Stand	7,45
Gesamt:	34,79
Meine Einnahmen:	
10 Becher zu 0,5 l für 2,50 DM	25,00
15 Becher zu 0,2 l für 1,00 DM	15,00
Pfand bei Rückgabe des Wasserkastens	6,60
Gesamt:	46,60
Einnahmen minus Ausgaben = Gewinn:	11,81

Was mache ich mit meinem Geld?
Die kleinen und die großen Wünsche

Mit deinem Taschengeld kannst du dir ganz persönliche Wünsche erfüllen, ohne andere um Geld bitten zu müssen. Schreibe deine Wünsche auf (es lassen sich nicht alle Wünsche mit Geld erfüllen!).

Du kannst sie in drei Gruppen einteilen:

Die kleinen Wünsche:

Diese kleinen Wünsche kannst du dir in der Regel gleich erfüllen, wenn auch nicht alle auf einmal, weil dazu das Taschengeld meist nicht reicht. Dazu gehören z. B. das neue Comic-Heft oder Nachschub vom Lieblingskaugummi.

Die größeren Wünsche:

Für diese Wünsche musst du wahrscheinlich eine Weile sparen, wie z. B. ein neuer Fußball, ein ferngesteuertes Auto, eine Puppe oder Inline Skates.

Die ganz großen Wünsche:

Diese Wünsche sind für später.

Vielleicht bist du schon

erwachsen, wenn sie in Erfüllung gehen, z. B. der Führerschein, eine Musikanlage oder eine große Reise.

Wahrscheinlich wirst du dir nie alle Wünsche erfüllen können – aber wer kann das schon? Es macht sowieso mehr Spaß, auf seine Wünsche hinzuarbeiten als alles auf einmal kaufen zu können.

Alles nach Plan

Laura bekommt 5 DM Taschengeld in der Woche. Sie wundert sich, dass nach vier Tagen schon nichts mehr davon übrig ist. Wo ist das Geld bloß geblieben?

Jonas schlägt vor, einen Geldplan zu machen. Einen solchen Plan nennt man Budget. Damit behältst du den Überblick, woher dein Geld kommt und wohin es geht.

Für deine drei Arten von Wünschen – die kleinen, die größeren und die ganz großen – brauchst du drei Behältnisse, in denen das Geld dafür aufbewahrt wird: ein Portemonnaie, ein Sparschwein und eine Schatztruhe. Du kannst aber auch andere Behältnisse, wie z. B. alte Marmeladengläser nehmen. In das Portemonnaie kommt das Geld für die täglichen kleinen Wünsche wie z. B. Sticker. Das Sparschwein sammelt das Geld für die teureren, größeren Wünsche wie z. B. eine neue Computer-CD. In die Schatztruhe wandert das Geld für später, für die ganz großen Wünsche wie z. B. ein Mountainbike.

Zunächst solltest du festlegen, welcher Teil deines Geldes wohin geht. Der Einfachheit halber beginne damit, jeweils ein Drittel an jeden Behälter zu füttern. Wenn du nach einiger Zeit genügend Erfahrung gesammelt hast, kannst du dieses System deiner eigenen Situation entsprechend verändern.

Damit ist eigentlich dein Budget schon festgelegt. Was im Portemonnaie ist, darfst du ausgeben, mehr nicht. Das Sparschwein rührst du eine Weile nicht an. Wenn es voll genug ist, um deinen nächsten größeren Wunsch zu erfüllen, kannst du es schlachten oder das Geld zur Bank bringen. Wenn die Schatztruhe voll ist, überlege gemeinsam mit deinen Eltern und deiner Bank, wie man dieses Geld am besten vermehren kann.

Mein Budget

Wie sieht dein Plan aus? Was machst du z. B. mit dem Restgeld von der letzten Woche im Portemonnaie? Möchtest du es dort lassen, um es später auszugeben oder lieber ins Sparschwein stecken? Hier darfst du selbst entscheiden und deine eigenen Erfahrungen machen. Frage deine Eltern und Freunde, wie sie es machen würden.

Wenn du ganz genau sein möchtest, kannst du dein Budget auch schriftlich führen. Schreibe dir dieses Musterbudget auf ein großes Blatt ab oder kopiere es, sodass du ein Blatt für jede Woche bzw. für jeden Monat hast, falls du dein Taschengeld monatlich bekommst.

BUDGETPLAN

für die Zeit vom ....

bis zum ....

Meine Einnahmen:

Taschengeld:

Geschenke:

Jobs und ähnliche

Einnnahmen:

Sonstiges:

Gesamte Einnahmen:

Meine Ausgaben:

Für die kleinen Dinge:

Für`s Sparschwein:

Für die Schatztruhe:

Gesamte Ausgaben:

Tipps zum Geldausgeben

Vorsicht beim Geldausgeben! Tim z. B. gibt zu, dass er das ferngesteuerte Auto nur deshalb haben will, weil es sein Freund Dominik auch hat. Uli behauptet, dass die neuen Turnschuhe wirklich bequem sind, obwohl er bereits Pflaster auf die Blasen an den Fersen kleben musste. Er findet aber, dass er darin mindestens so cool aussieht wie sein Lieblingsstar, der Werbung für diese Schuhe macht. Die Reklame für die neuesten Jeans sagt dir, dass du sie auch unbedingt haben musst, weil alle Kinder sie haben. Möchtest du dazugehören, solltest du sie dir kaufen. Oder? Laufen tatsächlich alle mit der gleichen Hose herum? Wenn du angeblich wegen einer bestimmten Hose nicht dazugehörst, möchtest du dann wirklich dazugehören?

Benjamin ist es dagegen egal, was seine Freunde haben. Er fällt auch nicht auf die Versprechungen der Werbung herein. Damit er nicht so viel ausgeben muss und trotzdem Spaß an vielen verschiedenen Sachen hat, schließt er sich mit einigen Freunden zusammen, wo immer es geht. Sie mögen alle z. B. die gleichen Comic-Hefte. Daher kaufen sie abwechselnd ein Heft und reichen es untereinander weiter. Das spart viel Geld! Bei Turnschuhen funktioniert dieses System wahrscheinlich schlecht, aber in solchen Fällen solltest du zumindest den Kauf vorher gut überlegen. Brauchst du das heiß ersehnte Teil wirklich und wenn ja, wo kannst du es am günstigsten kaufen? Vergleiche die Preise von verschiedenen Geschäften, suche Sonderangebote oder frage nach Preisnachlässen – manchmal klappt es!

Für den guten Zweck

Geld ausgeben heißt nicht unbedingt, dass du es für dich ausgeben musst. Es gibt viele Gründe, Geld zu spenden, z. B. für Menschen, denen es weniger gut geht als dir, für bedrohte Tierarten oder für unsere Umwelt. Wenn du Geld spenden willst, rede mit deinen Eltern, wo es am besten nach deinen Vorstellungen Verwendung findet. Jede noch so kleine Spende hilft.

Es gibt noch eine andere Art zu spenden. Zeit ist Geld – diesen uralten Spruch hast du bestimmt schon öfter gehört. Nicht nur dein Geld, sondern auch deine Zeit wird dankbar als Spende angenommen. Vielleicht gibt es eine gebrechliche Nachbarin, die Begleitung für einen Spaziergang braucht oder für die du ein paar kleinere Einkäufe tätigen kannst.

Vom Sparen

Manche Wünsche kannst du dir nicht gleich erfüllen. Dafür musst du mehrere Wochen oder Monate sparen, z. B. für Inline-Skates, eine CD, ein Meerschweinchen oder Weihnachtsgeschenke für deine Familie. Eigentlich heißt sparen nur, das Geld nicht jetzt auszugeben, sondern später, wenn es benötigt wird. Die Eichhörnchen machen es genauso. Sie verbuddeln ihre Nüsse im Herbst. Sie sparen sie sich für den Winter auf, wenn sie gebraucht werden. Du legst eben Geld beiseite, damit du dir später Nüsse, einen Legobaukasten oder eine neue Puppe kaufen kannst. Wenn du dir einen Zettel mit dem Preis deines Wunsches an dein Sparschwein heftest, kannst du immer nachschauen, wieviel du schon geschafft hast.

Stecke regelmäßig einen bestimmten Teil deines Geldes in die Spardose. Auch wenn du gerade einmal nicht auf einen speziellen Wunsch hin sparst, ist es ratsam, ein gewisses Sparpolster zu haben. Neulich war Paul beim Fußballspielen in Nachbars Garten diese dumme Fensterscheibe im Weg. Nun muss er sie von seinem Taschengeld bezahlen. Laura ist mit ihrem neuen Fahrrad über einen holperigen Feldweg gerast und dabei gestürzt. Der Vorderreifen ist verbogen und muss ersetzt werden. Es können immer mal unerwartete oder seltene Ausgaben über dich hereinbrechen. In solchen Notfällen kannst du auf dieses Polster zurückgreifen.

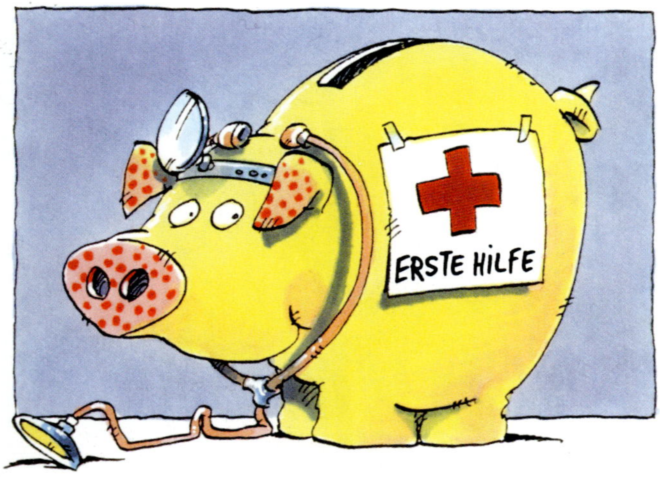

Die Bank – kein Ruheplatz fürs Geld

Die Bank ist für das Geld kein Ort zum Ausruhen! Es ruht nicht tatenlos im Tresor und wartet, bis du es wieder herausholst. Wenn man es genau nimmt, leihst du der Bank dein gespartes Taschengeld aus, damit sie damit arbeiten kann. Dafür bekommst du Zinsen.

Damit die Bank dir die Zinsen zahlen kann, leiht sie dein Geld (und das Geld von anderen Sparern) wiederum an Leute aus, die sich z. B. ein Haus oder ein Auto kaufen wollen. Diese müssen der Bank Zinsen für das geliehene Geld zahlen. Ausgeliehenes Geld nennt man Kredit. Die Kreditzinsen sind höher als die Zinsen, die du für dein gespartes Geld bekommst, sodass die Bank noch etwas daran verdient.

Drei Gründe, das Geld zur Bank zu bringen

Banken sind sicher. Das Geld, das du hinbringst, bekommst du auch wieder zurück. Zwar gehen manche Banken pleite, wenn sie nicht richtig arbeiten.

Ganz selten werden Banken auch überfallen und das Geld geklaut. Für solche Fälle hat jede Bank eine Versicherung, sodass dir nichts passieren kann.

Dein Geld ist auf der Bank nicht nur sicherer vor Dieben als zu Hause, sondern auch sicherer vor dir selbst. Wenn du deine Ersparnisse daheim aufbewahrst, könnte die Versuchung groß werden, sie doch auszugeben!

Banken vermehren dein Geld. Dafür, dass du ihnen erlaubst, dein Geld für einen bestimmten Zeitraum zu benutzen und es für sie arbeiten zu lassen, bekommst du Zinsen.

Über den Wert von Wertpapieren

Wertpapiere heißen so, weil sie für ihren Besitzer einen Wert haben.

Viele Anleger investieren ihr Geld in Wertpapieren. Davon gibt es zwei verschiedene Sorten:

Verzinsliche Wertpapiere: Du verleihst dein Geld, z. B. an Unternehmen, Gemeinden oder sogar den Staat. Sie alle brauchen Geld, um ihre Aufgaben zu erfüllen. Dafür, dass du ihnen Geld leihst – wie viele andere Anleger auch – wird dir ein Wertpapier ausgehändigt. Solche Papiere nennt man meist Anleihen. Darauf werden dir die Rückzahlung deines Geldes und bestimmte Zinszahlungen garantiert.

Wertpapiere, die dich zum Besitzer machen: Du verleihst dein Geld nicht wie bei den verzinslichen Wertpapieren, sondern du kaufst mit dem Papier etwas, z. B. einen Teil von einem Unternehmen. Das wohl bekannteste Wertpapier, mit dem man Besitzer wird, ist die Aktie. Wenn du eine Aktie kaufst, gehört dir ein kleiner Teil der Aktiengesellschaft, die die Aktien ausgibt. Nehmen wir einmal an, es gibt die Spielzeugfirma Fantastikus AG mit 1.000 Aktien. Wenn du eine Aktie davon kaufst, gehört dir ein Tausendstel der Fantastikus AG. Wer eine Aktie besitzt, ist ein Aktionär. Der Ort, an dem Aktien gekauft und verkauft werden, ist die Börse. Im Gegensatz zum Supermarkt ist die Börse ein Markt, in dem du nicht selbst einkaufen darfst. Die Aktien kauft eine Bank zusammen mit einem Börsenmakler für dich ein.

Wie kannst du mit Aktien Geld verdienen?

Du bekommst für deine Aktien keine Zinsen. Wenn aber viele Leute das Spielzeug der Fantastikus AG kaufen, wird sie am Jahresende wahrscheinlich einen Gewinn machen. Diesen Gewinn zahlt sie zum Teil an ihre Aktionäre aus. Für jede Aktie gibt es dann etwas Geld, das man „Dividende“ nennt.

Wenn du Glück hast, steigt der Wert der Firma, z. B. weil sie viele Gewinne macht oder gute Ideen für neue Spielsachen hat. Dann wird dein Anteil, z. B. ein Tausendstel, wertvoller. Der Preis (an der Börse sagt man „Kurs“ dazu) für die Aktien der Fantastikus AG steigt.

Wenn du sie jetzt verkaufst, machst du einen Kursgewinn, weil du sie billiger gekauft hast. Natürlich können Aktienkurse auch fallen. Weder Kurssteigerungen noch Dividenden werden dir garantiert. Das ist eben das Risiko des Börsengeschäftes!

Börsentipps für Kids

Du musst nicht gleich wirklich Aktien kaufen, um die Börse besser kennen zu lernen. Setze irgendeinen Betrag für dich fest, z. B. 10.000 DM, auch wenn du ihn gar nicht hast. Jetzt tust du so, als ob du dafür Aktien kaufst. Schreibe dir auf, welche Aktien du zu welchem Preis wann kaufst und verkaufst. Rechne dir aus, wieviel Geld du nach einigen Monaten oder einem Jahr gewonnen oder verloren hättest, wenn du echtes Geld eingesetzt hättest. Denke dabei an die Gebühren, die bei jedem Kauf und Verkauf an die Bank gezahlt werden müssen. Erkundige dich, wie hoch sie bei deiner Bank wären.

Wähle dir für den Anfang Aktien von Firmen aus, die dir bekannt sind und an deren Produkten du interessiert bist, wie z.B. bestimmte Automarken, Sportschuhhersteller und ähnliches. Dann macht es mehr Spaß, die Kurse zu verfolgen.

Wenn du genügend Geld gespart hast, um dir die eine oder andere Aktie zu kaufen (vielleicht kannst du auch mit anderen Kindern zusammenlegen, um ein paar

Aktien kaufen zu können), eröffnest du mit Hilfe deiner Eltern ein Konto bei der Bank. Du kannst auch mit deinen Eltern beschließen, dass dein Aktienkauf über ihr Konto abgewickelt wird. Dann sparst du die Gebühren für die Verwaltung deiner Wertpapiere bei der Bank.

Weniger Risiko, bitte!

Aktien zu kaufen kann ziemlich riskant sein. Das Risiko kannst du verringern, wenn du nicht nur Aktien von einer oder von wenigen Firmen kaufst, sondern viele verschiedene. Dazu wird dein Geld wahrscheinlich nicht reichen. Du kannst jedoch dein Geld in einen so genannten Investment Fond geben. Ein solcher Fond sammelt von ganz vielen Leuten Geld ein und investiert es in unterschiedliche Aktien oder auch andere Wertpapiere. Weil dir ein kleiner Teil des Fonds gehört, gehört dir auch ein bisschen von allen Investitionen des Fonds. Um die Auswahl der Wertpapiere brauchst du dich nicht selbst zu kümmern.

Solche Fonds sind eine angenehme Alternative für diejenigen, die über nicht viel Geld verfügen und es trotzdem in Wertpapieren anlegen wollen. Die Banken verlangen dennoch oft eine bestimmte Mindestmenge an Geld, um Wertpapiere zu kaufen. Falls du es alleine nicht schaffst - gemeinsam mit deinen Geschwistern oder Eltern bringt ihr vielleicht eine genügend hohe Summe zusammen.

In einem solchen Fonds kannst du dein Geld in vielen

verschiedenen Töpfen kochen lassen. Es brennen selten alle Töpfe auf einmal an! Dadurch sinkt dein Risiko, viel Geld auf einmal zu verlieren. Zusammen mit deinen Eltern und deiner Bank kannst du einen für dich passenden Fond auswählen. Ebenso wie bei den Aktien brauchst du deine Eltern dazu, um bei der Bank Geschäfte abzuschließen.

Sammel-Leidenschaften

Verena sammelt leidenschaftlich gern die kleinen Spielsachen aus den Überraschungseiern. Tobias hat bereits drei prall gefüllte Briefmarkenalben. Andere Kinder sammeln Münzen, Fußballkarten, Spielzeuge von Mc Donalds, Comic-Bücher, Puppen oder alte Schallplatten. Viele dieser Dinge haben schon ihre eigene Börse, wo du tauschen, verkaufen und kaufen kannst.

Bei derartigen Sammelobjekten ist es noch schwieriger als bei Aktien vorherzusagen, welche im Wert und damit im Preis steigen werden. Damit du nicht alle Ecken deines Zimmers mit vermeintlichen Kostbarkeiten vollstopfst, beachte ein paar alte Sammler-Regeln:

Sammle nur die Dinge, an denen du selbst auch viel Spaß hast. Sammle nicht aus der bloßen Hoffnung heraus, dass deine Sammelstücke irgendwann einmal wertvoll sein könnten.
Schreibe dir auf, wann du welches Teil zu welchem Preis gekauft bzw. bekommen hast. Notiere auch deine Verkäufe.

Wenn du aus Spaß an den Gegenständen sammelst, möchtest du natürlich auch damit spielen. Versuche trotzdem, deine Sammlung in allerbestem Zustand zu bewahren, denn nur dann kannst du später einmal einen höheren Preis dafür erzielen.

Das Taschengeld in neuer Währung

Euro und Cent

Seit dem 1. Januar 1999 gibt es den Euro als neue Währung. Du kannst ihn gleich in 11 europäischen Ländern verwenden, ohne wie bisher dein Geld wechseln zu müssen. Als Bargeld kannst du mit dem Euro aber erst ab dem 1. Januar 2002 bezahlen. Die DM wird dann zum Euro, der Pfennig zum Cent. Der Umtauschkurs steht genau fest. An dem Wert deines Taschengeldes ändert sich also gar nichts, denn alle anderen DM werden genau zum selben Kurs umgerechnet.

Vielleicht kannst du aber die Gelegenheit nutzen und doch eine kleine Erhöhung deines Taschengeldes aushandeln, wenn es soweit ist. Es ist nicht besonders praktisch, wenn dein Taschengeldbetrag in Euro umgerechnet z. B. 1,58 Euro lautet, oder? Vielleicht runden deine Eltern großzügig auf!

Wie sieht das neue Geld aus?

Die neuen Scheine gibt es zu 5, 10, 50, 100, 200 und 500 Euro. Sie sehen für alle Euro-Länder gleich aus. Auf den Vorderseiten sind Fenster oder Tore abgebildet, auf den Rückseiten Brücken. Diese Fenster, Tore und Brücken findest du nirgendwo in Europa, sie sind Fantasiebauwerke im Stil von verschiedenen Zeitaltern.

Die Euro-Münzen gibt es zu 1, 2, 5, 10 und 50 Cent sowie zu 1 und 2 Euro. Die Vorderseiten der Münzen sind für alle Länder gleich. Die Rückseiten darf jedes Land für sich selbst gestalten. Deutschland hat für die 1, 2 und 5 Cent Münzen ein Eichblatt mit Eicheln gewählt, für die 10, 20 und 50 Cent Münzen das Brandenburger Tor und für die 1 und 2 Euro Münzen den Bundesadler.

Geld – ein Kinderspiel

Währungsversteck

In diesem Buchstaben-Durcheinander haben sich die Namen von 11 verschiedenen Währungen versteckt. Findest du sie? Ein kleiner Tipp – es sind die Währungen der folgenden Länder: Mexiko, Großbritannien, Italien, USA, Portugal, Schweden, Frankreich, Indien, Polen, Spanien und Griechenland.

Kleine Preisfragen

1. Wieviele Münzen brauchst du mindestens für 5 DM, wenn jede Münze unseres Kleingeldes (außer natürlich der 5 DM-Münze selbst) mindestens einmal verwendet werden soll?

2. Wie heißt die berühmteste erfolglose Bankräuberbande?

3. Was hat ein Waldboden mit einem Sparbuch gemeinsam?

4. Warum kann ein Bergmann nie arm werden?

5. Vor welchem Vogel solltest du dein Geld hüten?

6. Wer kriegt seinen Hals nicht voll genug?

7. Was unterscheidet das Spielen an der Börse von Weihnachtsplätzchen?

8. Wieviele Ersatzausdrücke für „Geld" in der Umgangssprache kennst du?

Kopf oder Zahl

Dieses Spiel könnt ihr zu zweit oder mit zwei Mannschaften spielen. Sammelt aus euren Geldbörsen zehn gleiche Münzen zusammen. Jede Mannschaft erhält fünf Münzen. Eine Mannschaft wählt für sich die Vorderseite der Münzen (den Kopf), die andere die Rückseite (die Zahl). Abwechselnd wird aus jeder Mannschaft jeweils eine Münze in die Luft geworfen. Landet sie mit der Vorderseite nach oben, bekommt sie die Kopf-Mannschaft. Ist die Rückseite oben, bekommt sie die gegnerische Mannschaft. Sind sämtliche Münzen bei einer Mannschaft gelandet, hat diese das Spiel gewonnen. Von dem Geld dürfen die Sieger die Verlierer zum Eis einladen.

Der Münzkreisel

Die Münzen wandern so schnell umher, von einer Hand in die andere – man könnte fast meinen, sie drehen sich um sich selbst! Das kann eine Münze tatsächlich: nimm ein beliebiges Geldstück und stelle es aufrecht auf eine glatte Oberfläche. Damit es nicht umfällt, halte den Rand mit einem Finger der rechten und einem Finger der linken Hand fest. Am besten nimmst du den Daumen der rechten Hand und den Zeigefinger der linken Hand, zwischen denen die Münze eingeklemmt steht. Jetzt ziehe die rechte Hand nach rechts oben weg und im selben Moment die linke Hand nach links unten. Damit gibst du der Münze Schwung, sodass sie sich auf ihrer Kante schnell wie ein Kreisel dreht. Du wirst dich wundern, wie lange sie es aushält, bevor sie umfällt! Spielt zu mehreren Kindern gleichzeitig und schaut, wessen Münze am längsten stehen bleibt.

Lösungen

Seite 42 – Währungsversteck

Du findest die folgenden Währungen:

Drachme (Griechenland), Zloty (Polen), Lire (Italien), Krone (Schweden), Escudo (Portugal), Rupie (Indien), Dollar (USA), Franc (Frankreich), Pfund (Großbritannien), Peso (Mexiko), Peseta (Spanien)

A	W	D	R	A	C	H	M	E
Z	L	O	T	Y	K	P	E	P
R	I	L	E	F	N	F	L	E
U	T	L	I	R	E	U	P	S
P	R	A	B	A	L	N	E	E
I	K	R	O	N	E	D	S	T
E	B	E	S	C	U	D	O	A

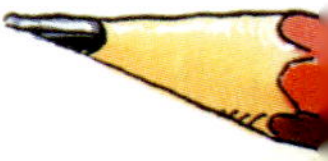

Seite 43 – Kleine Preisfragen

1. Ein 2 DM-Stück, zwei 1 DM-Stücke, ein 50 Pfennig-Stück, vier 10 Pfennig-Stücke, ein 5 Pfennig-Stück, zwei 2 Pfennig-Stücke und ein 1 Pfennig-Stück, also insgesamt 12 Geldstücke.

2. Die Panzerknacker.

3. Auf beiden wächst Moos.

4. Er hat immer genug Kohle.

5. Vor dem Pleitegeier.

6. Der Geizhals.

7. Die letzten zwei Buchstaben (Spekulation und Spekulatius).

8. Es gibt eine ganze Menge von Ausdrücken, die anstelle von „Geld" verwendet werden, z. B. Moneten, Knete, Pulver, Eier, Zaster, Moos, Mäuse, Kies, Schotter, Kröten, Kohle. Vielleicht fallen dir noch mehr ein!

ISBN 3-89777-501-8

ISBN 3-89777-518-2

ISBN 3-89777-503-4

ISBN 3-89777-504-2

ISBN 3-89777-505-0

ISBN 3-89777-506-9

ISBN 3-89777-507-7

ISBN 3-89777-508-5

ISBN 3-89777-509-3

ISBN 3-89777-519-0

ISBN 3-89777-523-9

ISBN 3-89777-522-0

Jeder Titel DM 4,80; öS 35; SFr 4,80

ISBN 3-89777-507-7

Die Ratschläge in diesem Buch sind von der Autorin und vom Verlag sorgfältig erwogen und geprüft worden. Dennoch kann eine Garantie nicht übernommen werden. Eine Haftung des Verlages für Personen-, Sach- und Vermögensschäden ist ausgeschlossen.
Lektorat: Daniela Schönkes

Printed in Italy